# 100 Preguntas para conocer a Papá

WELLINGTON

HAMMERFIELD

# ¡GRACIAS PAPÁ!

Felicidades por recibir este libro de regalo, algún hijo o hija quiere conocer más sobre tu vida, tus amores, anécdotas y pasatiempos.

Respondiendo estas preguntas les permitirás a tus hijos conocerte a fondo y a tu vida pasada. Tus historias serán como una carta cautivadora y atractiva, con temas interesantes que abrirán un mundo completamente nuevo para ellos y para ti.

Este libro ha sido especialmente desarrollado para ayudarte a ti, papá, a desarrollar una relación más cercana con tus hijos preadolescentes y adolescentes. Hazlo divertido, alegre, simple y positivo. Utiliza este libro para establecer un vínculo y crearás el tipo de unión que nunca se puede romper. Conviértete en una parte integral de la vida de tus hijos y les encantará pasar tiempo contigo.

100 preguntas que tus hijos no han pensado en hacerte y te ayudarán a recordar los grandes momentos de tu vida que has olvidado.

# RECOMENDACIONES

Puedes responder cada pregunta en familia, lo ideal sería que lo hagas en forma personal y luego la compartas.

Anota cada respuesta en detalle. Sigue una a una. Si no sabes qué responder, pasa a la siguiente. Puedes saltear preguntas, siempre que vuelvas a ellas dentro de unos días desde el inicio.

Debes responder las 100 preguntas dentro de 30 días, sin interrupciones. Puedes hacer 3 o 4 por día. Puedes ir a tu ritmo. Si quieres responder más, no hay problema. Responde con el corazón, con sinceridad y transparencia.

Es probable que algunas preguntas sean incómodas, lo importante es que no te detengas, sigue adelante. Verás como agregas y cambias algunas respuestas a medida que pasa el tiempo y vas reflexionando a consciencia.

Te deseo muchos éxitos y termina todo el libro.

# ¿CUÁNDO, CÓMO Y DÓNDE NACISTE?

......................................................................

......................................................................

......................................................................

......................................................................

......................................................................

......................................................................

......................................................................

......................................................................

......................................................................

......................................................................

......................................................................

......................................................................

......................................................................

......................................................................

......................................................................

......................................................................

......................................................................

......................................................................

# CUANDO ERAS NIÑO,
## ¿QUÉ QUERÍAS SER DE GRANDE?

.................................................................................

.................................................................................

.................................................................................

.................................................................................

.................................................................................

.................................................................................

.................................................................................

.................................................................................

.................................................................................

.................................................................................

.................................................................................

.................................................................................

.................................................................................

.................................................................................

.................................................................................

.................................................................................

.................................................................................

.................................................................................

# ¿QUÉ FUE LO MÁS DIFÍCIL POR LO QUE PASASTE CUANDO ERAS NIÑO?

......................................................................

......................................................................

......................................................................

......................................................................

......................................................................

......................................................................

......................................................................

......................................................................

......................................................................

......................................................................

......................................................................

......................................................................

......................................................................

......................................................................

......................................................................

......................................................................

......................................................................

# ¿CUÁLES SON TUS RECUERDOS MÁS FUERTES DE TU PAPÁ (ABUELO)?

...................................................................................

...................................................................................

...................................................................................

...................................................................................

...................................................................................

...................................................................................

...................................................................................

...................................................................................

...................................................................................

...................................................................................

...................................................................................

...................................................................................

...................................................................................

...................................................................................

...................................................................................

...................................................................................

...................................................................................

# ¿CUÁLES SON TUS RECUERDOS MÁS FUERTES DE TU MAMÁ (ABUELA)?

.................................................................

.................................................................

.................................................................

.................................................................

.................................................................

.................................................................

.................................................................

.................................................................

.................................................................

.................................................................

.................................................................

.................................................................

.................................................................

.................................................................

.................................................................

.................................................................

.................................................................

# ¿QUÉ ES LO QUE TUS PADRES SOLÍAN DECIRTE MIENTRAS CRECÍAS QUE LUEGO RESULTÓ SER CIERTO?

....................................................................................................

....................................................................................................

....................................................................................................

....................................................................................................

....................................................................................................

....................................................................................................

....................................................................................................

....................................................................................................

....................................................................................................

....................................................................................................

....................................................................................................

....................................................................................................

....................................................................................................

....................................................................................................

....................................................................................................

....................................................................................................

....................................................................................................

# ¿TUVISTE MASCOTAS? CUÉNTAME SOBRE ELLAS.

......................................................................

......................................................................

......................................................................

......................................................................

......................................................................

......................................................................

......................................................................

......................................................................

......................................................................

......................................................................

......................................................................

......................................................................

......................................................................

......................................................................

......................................................................

......................................................................

......................................................................

......................................................................

# ¿CUÁL ERA UNA TRADICIÓN FAMILIAR FAVORITA CUANDO ERAS NIÑO?

..............................................................................

..............................................................................

..............................................................................

..............................................................................

..............................................................................

..............................................................................

..............................................................................

..............................................................................

..............................................................................

..............................................................................

..............................................................................

..............................................................................

..............................................................................

..............................................................................

..............................................................................

..............................................................................

..............................................................................

# ¿QUIÉN FUE TU MEJOR AMIGO EN LA ESCUELA PRIMARIA?

...................................................................

...................................................................

...................................................................

...................................................................

...................................................................

...................................................................

...................................................................

...................................................................

...................................................................

...................................................................

...................................................................

...................................................................

...................................................................

...................................................................

...................................................................

...................................................................

...................................................................

...................................................................

# ¿CUÁLES FUERON TUS COSAS FAVORITAS PARA HACER CUANDO ERAS NIÑO?

......................................................................................

......................................................................................

......................................................................................

......................................................................................

......................................................................................

......................................................................................

......................................................................................

......................................................................................

......................................................................................

......................................................................................

......................................................................................

......................................................................................

......................................................................................

......................................................................................

......................................................................................

......................................................................................

......................................................................................

# ¿QUÉ MÚSICA ESCUCHABAS CUANDO ERAS NIÑO?

.......................................................................

.......................................................................

.......................................................................

.......................................................................

.......................................................................

.......................................................................

.......................................................................

.......................................................................

.......................................................................

.......................................................................

.......................................................................

.......................................................................

.......................................................................

.......................................................................

.......................................................................

.......................................................................

.......................................................................

# ¿PRACTICABAS ALGÚN DEPORTE?

.......................................................................

.......................................................................

.......................................................................

.......................................................................

.......................................................................

.......................................................................

.......................................................................

.......................................................................

.......................................................................

.......................................................................

.......................................................................

.......................................................................

.......................................................................

.......................................................................

.......................................................................

.......................................................................

.......................................................................

.......................................................................

.......................................................................

# ¿QUÉ EVENTOS MUNDIALES HAN TENIDO EL MAYOR IMPACTO EN TI?

..............................................................................

..............................................................................

..............................................................................

..............................................................................

..............................................................................

..............................................................................

..............................................................................

..............................................................................

..............................................................................

..............................................................................

..............................................................................

..............................................................................

..............................................................................

..............................................................................

..............................................................................

..............................................................................

..............................................................................

# ¿A DÓNDE FUISTE EN TU PRIMERA CITA?

..........................................................................

..........................................................................

..........................................................................

..........................................................................

..........................................................................

..........................................................................

..........................................................................

..........................................................................

..........................................................................

..........................................................................

..........................................................................

..........................................................................

..........................................................................

..........................................................................

..........................................................................

..........................................................................

..........................................................................

# ¿QUÉ TE HIZO EXITOSO EN EL TRABAJO?

.................................................................................

.................................................................................

.................................................................................

.................................................................................

.................................................................................

.................................................................................

.................................................................................

.................................................................................

.................................................................................

.................................................................................

.................................................................................

.................................................................................

.................................................................................

.................................................................................

.................................................................................

.................................................................................

.................................................................................

.................................................................................

.................................................................................

.................................................................................

# ¿QUÉ RECUERDAS DE CUANDO NACIMOS CADA UNO DE NOSOTROS?

........................................................................

........................................................................

........................................................................

........................................................................

........................................................................

........................................................................

........................................................................

........................................................................

........................................................................

........................................................................

........................................................................

........................................................................

........................................................................

........................................................................

........................................................................

........................................................................

........................................................................

# ¿QUÉ LECCIONES HAS APRENDIDO SOBRE OTRAS PERSONAS EN LA VIDA?

.......................................................................

.......................................................................

.......................................................................

.......................................................................

.......................................................................

.......................................................................

.......................................................................

.......................................................................

.......................................................................

.......................................................................

.......................................................................

.......................................................................

.......................................................................

.......................................................................

.......................................................................

.......................................................................

.......................................................................

# ¿CUÁL ES TU MAYOR LOGRO?

..............................................................................

..............................................................................

..............................................................................

..............................................................................

..............................................................................

..............................................................................

..............................................................................

..............................................................................

..............................................................................

..............................................................................

..............................................................................

..............................................................................

..............................................................................

..............................................................................

..............................................................................

..............................................................................

..............................................................................

..............................................................................

..............................................................................

# ¿CUÁLES SON LOS TRES MOMENTOS MÁS FELICES DE TU VIDA HASTA AHORA?

...................................................................

...................................................................

...................................................................

...................................................................

...................................................................

...................................................................

...................................................................

...................................................................

...................................................................

...................................................................

...................................................................

...................................................................

...................................................................

...................................................................

...................................................................

...................................................................

...................................................................

# ¿DE QUÉ CREES QUE EL MUNDO NECESITA MÁS AHORA?

..........................................................................
..........................................................................
..........................................................................
..........................................................................
..........................................................................
..........................................................................
..........................................................................
..........................................................................
..........................................................................
..........................................................................
..........................................................................
..........................................................................
..........................................................................
..........................................................................
..........................................................................
..........................................................................
..........................................................................

# ¿CUÁL ES EL MEJOR CONSEJO QUE TE DIO TU PAPÁ?

..............................................................................

..............................................................................

..............................................................................

..............................................................................

..............................................................................

..............................................................................

..............................................................................

..............................................................................

..............................................................................

..............................................................................

..............................................................................

..............................................................................

..............................................................................

..............................................................................

..............................................................................

..............................................................................

..............................................................................

# ¿HAY ALGO QUE DESEARÍAS HABERLES PREGUNTADO A TUS PADRES, PERO NO HAS HECHO?

........................................................................

........................................................................

........................................................................

........................................................................

........................................................................

........................................................................

........................................................................

........................................................................

........................................................................

........................................................................

........................................................................

........................................................................

........................................................................

........................................................................

........................................................................

........................................................................

........................................................................

# ¿CUÁL HA SIDO TU EDAD FAVORITA HASTA AHORA Y POR QUÉ?

........................................................................................

........................................................................................

........................................................................................

........................................................................................

........................................................................................

........................................................................................

........................................................................................

........................................................................................

........................................................................................

........................................................................................

........................................................................................

........................................................................................

........................................................................................

........................................................................................

........................................................................................

........................................................................................

........................................................................................

# ¿DE QUÉ ESTÁS MÁS AGRADECIDO?

...............................................................................

...............................................................................

...............................................................................

...............................................................................

...............................................................................

...............................................................................

...............................................................................

...............................................................................

...............................................................................

...............................................................................

...............................................................................

...............................................................................

...............................................................................

...............................................................................

...............................................................................

...............................................................................

...............................................................................

...............................................................................

...............................................................................

# ¿HAY ALGO QUE SIEMPRE HAS QUERIDO HACER O EXPERIMENTAR Y QUE AÚN NO HAS TENIDO LA OPORTUNIDAD?

...........................................................................

...........................................................................

...........................................................................

...........................................................................

...........................................................................

...........................................................................

...........................................................................

...........................................................................

...........................................................................

...........................................................................

...........................................................................

...........................................................................

...........................................................................

...........................................................................

...........................................................................

...........................................................................

...........................................................................

...........................................................................

# ¿DE QUÉ ESTÁS MÁS ORGULLOSO EN LA VIDA?

....................................................................................

....................................................................................

....................................................................................

....................................................................................

....................................................................................

....................................................................................

....................................................................................

....................................................................................

....................................................................................

....................................................................................

....................................................................................

....................................................................................

....................................................................................

....................................................................................

....................................................................................

....................................................................................

....................................................................................

....................................................................................

# ¿CUÁLES FUERON LAS TRES MEJORES DECISIONES QUE HAS TOMADO?

..................................................................

..................................................................

..................................................................

..................................................................

..................................................................

..................................................................

..................................................................

..................................................................

..................................................................

..................................................................

..................................................................

..................................................................

..................................................................

..................................................................

..................................................................

..................................................................

..................................................................

# ¿CUÁL ES EL MEJOR REGALO QUE HAS RECIBIDO?

......................................................................................

......................................................................................

......................................................................................

......................................................................................

......................................................................................

......................................................................................

......................................................................................

......................................................................................

......................................................................................

......................................................................................

......................................................................................

......................................................................................

......................................................................................

......................................................................................

......................................................................................

......................................................................................

......................................................................................

# ¿QUÉ CONSEJO TIENES PARA TUS HIJOS SOBRE EN QUÉ CENTRARNOS EN NUESTRAS CARRERAS?

.................................................................................

.................................................................................

.................................................................................

.................................................................................

.................................................................................

.................................................................................

.................................................................................

.................................................................................

.................................................................................

.................................................................................

.................................................................................

.................................................................................

.................................................................................

.................................................................................

.................................................................................

.................................................................................

.................................................................................

.................................................................................

# ¿CÓMO ELEGISTE TU CARRERA?

......................................................................

......................................................................

......................................................................

......................................................................

......................................................................

......................................................................

......................................................................

......................................................................

......................................................................

......................................................................

......................................................................

......................................................................

......................................................................

......................................................................

......................................................................

......................................................................

......................................................................

......................................................................

# ¿CÓMO CONOCISTE A MAMÁ Y SUPISTE QUE ELLA ERA LA INDICADA?

.................................................................

.................................................................

.................................................................

.................................................................

.................................................................

.................................................................

.................................................................

.................................................................

.................................................................

.................................................................

.................................................................

.................................................................

.................................................................

.................................................................

.................................................................

.................................................................

.................................................................

.................................................................

# ¿QUÉ ES LO QUE MÁS RECUERDAS DE SER UN ADOLESCENTE?

...........................................................................

...........................................................................

...........................................................................

...........................................................................

...........................................................................

...........................................................................

...........................................................................

...........................................................................

...........................................................................

...........................................................................

...........................................................................

...........................................................................

...........................................................................

...........................................................................

...........................................................................

...........................................................................

...........................................................................

# ¿QUÉ TE GUSTABA HACER EN LA ESCUELA SECUNDARIA?

..............................................................................

..............................................................................

..............................................................................

..............................................................................

..............................................................................

..............................................................................

..............................................................................

..............................................................................

..............................................................................

..............................................................................

..............................................................................

..............................................................................

..............................................................................

..............................................................................

..............................................................................

..............................................................................

..............................................................................

..............................................................................

# ¿QUIÉN FUE TU HÉROE DE LA INFANCIA?

....................................................................

....................................................................

....................................................................

....................................................................

....................................................................

....................................................................

....................................................................

....................................................................

....................................................................

....................................................................

....................................................................

....................................................................

....................................................................

....................................................................

....................................................................

....................................................................

....................................................................

....................................................................

# ¿ALGUNA VEZ GANASTE UN PREMIO?

........................................................................

........................................................................

........................................................................

........................................................................

........................................................................

........................................................................

........................................................................

........................................................................

........................................................................

........................................................................

........................................................................

........................................................................

........................................................................

........................................................................

........................................................................

........................................................................

........................................................................

........................................................................

........................................................................

# ¿EN QUE TE PARECES MÁS A TUS PADRES?

.................................................................................

.................................................................................

.................................................................................

.................................................................................

.................................................................................

.................................................................................

.................................................................................

.................................................................................

.................................................................................

.................................................................................

.................................................................................

.................................................................................

.................................................................................

.................................................................................

.................................................................................

.................................................................................

.................................................................................

.................................................................................

.................................................................................

# ¿EN QUÉ TE DIFERENCIAS?

......................................................................

......................................................................

......................................................................

......................................................................

......................................................................

......................................................................

......................................................................

......................................................................

......................................................................

......................................................................

......................................................................

......................................................................

......................................................................

......................................................................

......................................................................

......................................................................

......................................................................

......................................................................

......................................................................

# ¿CUÁLES SON TUS RECUERDOS FAVORITOS DE LAS REUNIONES FAMILIARES?

...........................................................................

...........................................................................

...........................................................................

...........................................................................

...........................................................................

...........................................................................

...........................................................................

...........................................................................

...........................................................................

...........................................................................

...........................................................................

...........................................................................

...........................................................................

...........................................................................

...........................................................................

...........................................................................

...........................................................................

# ¿CUÁL ES LA COSA MÁS VERGONZOSA QUE TU MADRE O TU PADRE TE HICIERON ALGUNA VEZ?

..............................................................................

..............................................................................

..............................................................................

..............................................................................

..............................................................................

..............................................................................

..............................................................................

..............................................................................

..............................................................................

..............................................................................

..............................................................................

..............................................................................

..............................................................................

..............................................................................

..............................................................................

..............................................................................

..............................................................................

# ¿QUÉ ES LO MEJOR QUE COCINARON TUS PADRES?

..............................................................................

..............................................................................

..............................................................................

..............................................................................

..............................................................................

..............................................................................

..............................................................................

..............................................................................

..............................................................................

..............................................................................

..............................................................................

..............................................................................

..............................................................................

..............................................................................

..............................................................................

..............................................................................

..............................................................................

# ¿CUÁL CREES QUE FUE LA COSA MÁS TONTA QUE HICISTE CUANDO ERAS NIÑO?

.......................................................................

.......................................................................

.......................................................................

.......................................................................

.......................................................................

.......................................................................

.......................................................................

.......................................................................

.......................................................................

.......................................................................

.......................................................................

.......................................................................

.......................................................................

.......................................................................

.......................................................................

.......................................................................

.......................................................................

# ¿CUÁL ERA TU LIBRO O PELÍCULA FAVORITA CUANDO TENÍAS MI EDAD?

..............................................................................................

..............................................................................................

..............................................................................................

..............................................................................................

..............................................................................................

..............................................................................................

..............................................................................................

..............................................................................................

..............................................................................................

..............................................................................................

..............................................................................................

..............................................................................................

..............................................................................................

..............................................................................................

..............................................................................................

..............................................................................................

..............................................................................................

# ¿QUÉ RECUERDOS TIENES DE LAS CASAS EN LAS QUE VIVISTE CUANDO ERAS NIÑO?

# ¿CUÁL ES TU PRIMER RECUERDO?

......................................................................

......................................................................

......................................................................

......................................................................

......................................................................

......................................................................

......................................................................

......................................................................

......................................................................

......................................................................

......................................................................

......................................................................

......................................................................

......................................................................

......................................................................

......................................................................

......................................................................

......................................................................

# SI VOLVIERAS A LA ESCUELA SECUNDARIA, ¿QUÉ HARÍAS DIFERENTE?

......................................................................

......................................................................

......................................................................

......................................................................

......................................................................

......................................................................

......................................................................

......................................................................

......................................................................

......................................................................

......................................................................

......................................................................

......................................................................

......................................................................

......................................................................

......................................................................

......................................................................

# ¿CUÁL ES EL MEJOR TRABAJO QUE HAS TENIDO?

..........................................................................................

..........................................................................................

..........................................................................................

..........................................................................................

..........................................................................................

..........................................................................................

..........................................................................................

..........................................................................................

..........................................................................................

..........................................................................................

..........................................................................................

..........................................................................................

..........................................................................................

..........................................................................................

..........................................................................................

..........................................................................................

..........................................................................................

..........................................................................................

# SI FUERAS UN SUPERHÉROE, ¿CUÁL SERÍAS?

................................................................

................................................................

................................................................

................................................................

................................................................

................................................................

................................................................

................................................................

................................................................

................................................................

................................................................

................................................................

................................................................

................................................................

................................................................

................................................................

................................................................

................................................................

# ¿CUÁL ES TU DEPORTE FAVORITO Y POR QUÉ?

........................................................................

........................................................................

........................................................................

........................................................................

........................................................................

........................................................................

........................................................................

........................................................................

........................................................................

........................................................................

........................................................................

........................................................................

........................................................................

........................................................................

........................................................................

........................................................................

........................................................................

........................................................................

# ¿CUÁNDO TUVISTE TU PRIMER BESO?

# ¿CUÁL ERA TU ACTIVIDAD FAVORITA LOS FINES DE SEMANA CUANDO ERAS MÁS JOVEN?

..............................................................................

..............................................................................

..............................................................................

..............................................................................

..............................................................................

..............................................................................

..............................................................................

..............................................................................

..............................................................................

..............................................................................

..............................................................................

..............................................................................

..............................................................................

..............................................................................

..............................................................................

..............................................................................

..............................................................................

# ¿QUIÉN ES TU AMIGO MÁS EXITOSO DE LA ESCUELA?

.......................................................................

.......................................................................

.......................................................................

.......................................................................

.......................................................................

.......................................................................

.......................................................................

.......................................................................

.......................................................................

.......................................................................

.......................................................................

.......................................................................

.......................................................................

.......................................................................

.......................................................................

.......................................................................

.......................................................................

.......................................................................

.......................................................................

# ¿CUÁL FUE EL MOMENTO MÁS ATERRADOR QUE HAYAS TENIDO?

........................................................................

........................................................................

........................................................................

........................................................................

........................................................................

........................................................................

........................................................................

........................................................................

........................................................................

........................................................................

........................................................................

........................................................................

........................................................................

........................................................................

........................................................................

........................................................................

........................................................................

........................................................................

# ¿QUIÉN TE ENSEÑÓ A CONDUCIR?

..............................................................................

..............................................................................

..............................................................................

..............................................................................

..............................................................................

..............................................................................

..............................................................................

..............................................................................

..............................................................................

..............................................................................

..............................................................................

..............................................................................

..............................................................................

..............................................................................

..............................................................................

..............................................................................

..............................................................................

..............................................................................

# CUANDO MAMÁ TE DIJO QUE ESTABA EMBARAZADA, ¿CUÁL FUE TU REACCIÓN?

....................................................................

....................................................................

....................................................................

....................................................................

....................................................................

....................................................................

....................................................................

....................................................................

....................................................................

....................................................................

....................................................................

....................................................................

....................................................................

....................................................................

....................................................................

....................................................................

....................................................................

....................................................................

# ¿CUÁL ES TU ÉPOCA FAVORITA DEL AÑO?

..........................................................................

..........................................................................

..........................................................................

..........................................................................

..........................................................................

..........................................................................

..........................................................................

..........................................................................

..........................................................................

..........................................................................

..........................................................................

..........................................................................

..........................................................................

..........................................................................

..........................................................................

..........................................................................

..........................................................................

..........................................................................

# ¿CUÁL ES TU COMIDA FAVORITA?

..............................................................................

..............................................................................

..............................................................................

..............................................................................

..............................................................................

..............................................................................

..............................................................................

..............................................................................

..............................................................................

..............................................................................

..............................................................................

..............................................................................

..............................................................................

..............................................................................

..............................................................................

..............................................................................

..............................................................................

# ¿CUÁNTOS HIJOS QUERÍAS TENER CUANDO ERAS JOVEN?

........................................................................

........................................................................

........................................................................

........................................................................

........................................................................

........................................................................

........................................................................

........................................................................

........................................................................

........................................................................

........................................................................

........................................................................

........................................................................

........................................................................

........................................................................

........................................................................

........................................................................

# ¿QUÉ TE HIZO ELEGIR MI NOMBRE? ¿EN QUÉ OTROS NOMBRES ESTABAS PENSANDO?

.......................................................................

.......................................................................

.......................................................................

.......................................................................

.......................................................................

.......................................................................

.......................................................................

.......................................................................

.......................................................................

.......................................................................

.......................................................................

.......................................................................

.......................................................................

.......................................................................

.......................................................................

.......................................................................

.......................................................................

# ¿QUÉ ES LO QUE MÁS TE GUSTA DE VIVIR DONDE LO HACEMOS?

......................................................................

......................................................................

......................................................................

......................................................................

......................................................................

......................................................................

......................................................................

......................................................................

......................................................................

......................................................................

......................................................................

......................................................................

......................................................................

......................................................................

......................................................................

......................................................................

......................................................................

......................................................................

# ¿QUÉ JUGUETES/ COSAS COLECCIONASTE DE NIÑO?

..................................................................

..................................................................

..................................................................

..................................................................

..................................................................

..................................................................

..................................................................

..................................................................

..................................................................

..................................................................

..................................................................

..................................................................

..................................................................

..................................................................

..................................................................

..................................................................

..................................................................

# ¿QUÉ QUIERES HACER CUANDO TE JUBILES?

# ¿CUÁLES SON TUS CINCO MEJORES RECUERDOS A LO LARGO DE TU VIDA HASTA AHORA?

..............................................................................

..............................................................................

..............................................................................

..............................................................................

..............................................................................

..............................................................................

..............................................................................

..............................................................................

..............................................................................

..............................................................................

..............................................................................

..............................................................................

..............................................................................

..............................................................................

..............................................................................

..............................................................................

..............................................................................

# ¿CUÁL ES LA LECCIÓN MÁS DURA QUE HAS APRENDIDO EN LA VIDA?

..................................................................................................

..................................................................................................

..................................................................................................

..................................................................................................

..................................................................................................

..................................................................................................

..................................................................................................

..................................................................................................

..................................................................................................

..................................................................................................

..................................................................................................

..................................................................................................

..................................................................................................

..................................................................................................

..................................................................................................

..................................................................................................

..................................................................................................

..................................................................................................

# ¿QUIÉN ERA TU NOVIA DURANTE LA SECUNDARIA?

..................................................................................

..................................................................................

..................................................................................

..................................................................................

..................................................................................

..................................................................................

..................................................................................

..................................................................................

..................................................................................

..................................................................................

..................................................................................

..................................................................................

..................................................................................

..................................................................................

..................................................................................

..................................................................................

..................................................................................

# ¿QUÉ FUE LO MEJOR DE TU INFANCIA?

....................................................................................

....................................................................................

....................................................................................

....................................................................................

....................................................................................

....................................................................................

....................................................................................

....................................................................................

....................................................................................

....................................................................................

....................................................................................

....................................................................................

....................................................................................

....................................................................................

....................................................................................

....................................................................................

....................................................................................

....................................................................................

....................................................................................

# ¿QUÉ TUVISTE DE NIÑO QUE LOS NIÑOS DE HOY NO TENGAN?

..............................................................................

..............................................................................

..............................................................................

..............................................................................

..............................................................................

..............................................................................

..............................................................................

..............................................................................

..............................................................................

..............................................................................

..............................................................................

..............................................................................

..............................................................................

..............................................................................

..............................................................................

..............................................................................

..............................................................................

# ¿ESTÁS ORGULLOSO DE TU VIDA AHORA?

........................................................................

........................................................................

........................................................................

........................................................................

........................................................................

........................................................................

........................................................................

........................................................................

........................................................................

........................................................................

........................................................................

........................................................................

........................................................................

........................................................................

........................................................................

........................................................................

........................................................................

........................................................................

........................................................................

# ¿TIENES ALGUNA ANÉCDOTA DIVERTIDA DE TU JUVENTUD?

........................................................................

........................................................................

........................................................................

........................................................................

........................................................................

........................................................................

........................................................................

........................................................................

........................................................................

........................................................................

........................................................................

........................................................................

........................................................................

........................................................................

........................................................................

........................................................................

........................................................................

# ¿QUÉ PERSONA HA SIDO LA QUE MÁS TE HA ENSEÑADO DE LA VIDA?

.......................................................................

.......................................................................

.......................................................................

.......................................................................

.......................................................................

.......................................................................

.......................................................................

.......................................................................

.......................................................................

.......................................................................

.......................................................................

.......................................................................

.......................................................................

.......................................................................

.......................................................................

.......................................................................

.......................................................................

# ¿ERES EL HOMBRE QUE SIEMPRE QUISISTE SER?

..........................................................................

..........................................................................

..........................................................................

..........................................................................

..........................................................................

..........................................................................

..........................................................................

..........................................................................

..........................................................................

..........................................................................

..........................................................................

..........................................................................

..........................................................................

..........................................................................

..........................................................................

..........................................................................

..........................................................................

..........................................................................

# ¿HAY ALGÚN SUEÑO QUE NO HAYAS CUMPLIDO AÚN?

..............................................................................

..............................................................................

..............................................................................

..............................................................................

..............................................................................

..............................................................................

..............................................................................

..............................................................................

..............................................................................

..............................................................................

..............................................................................

..............................................................................

..............................................................................

..............................................................................

..............................................................................

..............................................................................

..............................................................................

..............................................................................

# ¿TE HAS VISTO EN ALGUNA ENCRUCIJADA A LO LARGO DE TU VIDA?

.......................................................................................

.......................................................................................

.......................................................................................

.......................................................................................

.......................................................................................

.......................................................................................

.......................................................................................

.......................................................................................

.......................................................................................

.......................................................................................

.......................................................................................

.......................................................................................

.......................................................................................

.......................................................................................

.......................................................................................

.......................................................................................

.......................................................................................

.......................................................................................

# ¿HAS RENUNCIADO A ALGO IMPORTANTE?

....................................................................................

....................................................................................

....................................................................................

....................................................................................

....................................................................................

....................................................................................

....................................................................................

....................................................................................

....................................................................................

....................................................................................

....................................................................................

....................................................................................

....................................................................................

....................................................................................

....................................................................................

....................................................................................

....................................................................................

....................................................................................

# ¿A QUÉ TE GUSTARÍA HABER DEDICADO MÁS TIEMPO?

..................................................................

..................................................................

..................................................................

..................................................................

..................................................................

..................................................................

..................................................................

..................................................................

..................................................................

..................................................................

..................................................................

..................................................................

..................................................................

..................................................................

..................................................................

..................................................................

..................................................................

# ¿CREES QUE EXISTE LA AMISTAD VERDADERA ENTRE HOMBRES Y MUJERES?

.................................................................................................

.................................................................................................

.................................................................................................

.................................................................................................

.................................................................................................

.................................................................................................

.................................................................................................

.................................................................................................

.................................................................................................

.................................................................................................

.................................................................................................

.................................................................................................

.................................................................................................

.................................................................................................

.................................................................................................

.................................................................................................

.................................................................................................

.................................................................................................

# ¿TUS PAPÁS TE CASTIGABAN CON FRECUENCIA?

.....................................................................

.....................................................................

.....................................................................

.....................................................................

.....................................................................

.....................................................................

.....................................................................

.....................................................................

.....................................................................

.....................................................................

.....................................................................

.....................................................................

.....................................................................

.....................................................................

.....................................................................

.....................................................................

.....................................................................

.....................................................................

# ¿ALGUNA VEZ PASÓ ALGO EN UN EVENTO FAMILIAR QUE JAMÁS PODRÁS OLVIDAR?

.....................................................................................................

.....................................................................................................

.....................................................................................................

.....................................................................................................

.....................................................................................................

.....................................................................................................

.....................................................................................................

.....................................................................................................

.....................................................................................................

.....................................................................................................

.....................................................................................................

.....................................................................................................

.....................................................................................................

.....................................................................................................

.....................................................................................................

.....................................................................................................

.....................................................................................................

.....................................................................................................

# ¿CUÁLES ERAN TUS MAYORES INSEGURIDADES?

...........................................................................
...........................................................................
...........................................................................
...........................................................................
...........................................................................
...........................................................................
...........................................................................
...........................................................................
...........................................................................
...........................................................................
...........................................................................
...........................................................................
...........................................................................
...........................................................................
...........................................................................
...........................................................................
...........................................................................
...........................................................................
...........................................................................

# ¿CÓMO FUE TU PRIMERA EXPERIENCIA SEXUAL?

......................................................................

......................................................................

......................................................................

......................................................................

......................................................................

......................................................................

......................................................................

......................................................................

......................................................................

......................................................................

......................................................................

......................................................................

......................................................................

......................................................................

......................................................................

......................................................................

......................................................................

......................................................................

......................................................................

# ¿QUIÉN FUE TU PRIMER AMOR?

.......................................................................

.......................................................................

.......................................................................

.......................................................................

.......................................................................

.......................................................................

.......................................................................

.......................................................................

.......................................................................

.......................................................................

.......................................................................

.......................................................................

.......................................................................

.......................................................................

.......................................................................

.......................................................................

.......................................................................

.......................................................................

# ¿CÓMO CREES QUE ES LA CITA IDEAL?

......................................................................

......................................................................

......................................................................

......................................................................

......................................................................

......................................................................

......................................................................

......................................................................

......................................................................

......................................................................

......................................................................

......................................................................

......................................................................

......................................................................

......................................................................

......................................................................

......................................................................

......................................................................

# ¿ALGUNA VEZ TE RECHAZARON O NO TE CORRESPONDIERON?

...........................................................................

...........................................................................

...........................................................................

...........................................................................

...........................................................................

...........................................................................

...........................................................................

...........................................................................

...........................................................................

...........................................................................

...........................................................................

...........................................................................

...........................................................................

...........................................................................

...........................................................................

...........................................................................

...........................................................................

# ¿CÓMO FUE PEDIRLE MATRIMONIO A MI MAMÁ?

# ¿HAY ALGO QUE NO ME HAYAS DICHO Y QUIERAS HACERLO?

..................................................................

..................................................................

..................................................................

..................................................................

..................................................................

..................................................................

..................................................................

..................................................................

..................................................................

..................................................................

..................................................................

..................................................................

..................................................................

..................................................................

..................................................................

..................................................................

..................................................................

..................................................................

# ¿QUÉ ES LO QUE MÁS TE GUSTA DE MAMÁ?

....................................................................

....................................................................

....................................................................

....................................................................

....................................................................

....................................................................

....................................................................

....................................................................

....................................................................

....................................................................

....................................................................

....................................................................

....................................................................

....................................................................

....................................................................

....................................................................

....................................................................

....................................................................

....................................................................

# ¿HAY ALGO QUE CAMBIARÍAS DE TU VIDA AHORA?

.......................................................................................

.......................................................................................

.......................................................................................

.......................................................................................

.......................................................................................

.......................................................................................

.......................................................................................

.......................................................................................

.......................................................................................

.......................................................................................

.......................................................................................

.......................................................................................

.......................................................................................

.......................................................................................

.......................................................................................

.......................................................................................

.......................................................................................

.......................................................................................

# ¿QUÉ CONSEJO TE GUSTARÍA DARME QUE NO TE DIERON A TI?

..............................................................................
..............................................................................
..............................................................................
..............................................................................
..............................................................................
..............................................................................
..............................................................................
..............................................................................
..............................................................................
..............................................................................
..............................................................................
..............................................................................
..............................................................................
..............................................................................
..............................................................................
..............................................................................
..............................................................................

# ¿QUÉ AVENTURA TE GUSTARÍA VIVIR QUE AÚN NO HAS HECHO?

.......................................................................

.......................................................................

.......................................................................

.......................................................................

.......................................................................

.......................................................................

.......................................................................

.......................................................................

.......................................................................

.......................................................................

.......................................................................

.......................................................................

.......................................................................

.......................................................................

.......................................................................

.......................................................................

.......................................................................

# ¿CÓMO HACES PARA MANTENER FELIZ A MAMÁ?

.............................................................................

.............................................................................

.............................................................................

.............................................................................

.............................................................................

.............................................................................

.............................................................................

.............................................................................

.............................................................................

.............................................................................

.............................................................................

.............................................................................

.............................................................................

.............................................................................

.............................................................................

.............................................................................

.............................................................................

.............................................................................

.............................................................................

# ¿CÓMO HACES TÚ PARA SER FELIZ?

....................................................................

....................................................................

....................................................................

....................................................................

....................................................................

....................................................................

....................................................................

....................................................................

....................................................................

....................................................................

....................................................................

....................................................................

....................................................................

....................................................................

....................................................................

....................................................................

....................................................................

....................................................................

# ¿CÓMO CREES QUE ES LA VERDADERA FELICIDAD?

..................................................................

..................................................................

..................................................................

..................................................................

..................................................................

..................................................................

..................................................................

..................................................................

..................................................................

..................................................................

..................................................................

..................................................................

..................................................................

..................................................................

..................................................................

..................................................................

..................................................................

..................................................................

# ¿CÓMO HAS LOGRADO SUPERAR LOS OBSTÁCULOS?

....................................................................

....................................................................

....................................................................

....................................................................

....................................................................

....................................................................

....................................................................

....................................................................

....................................................................

....................................................................

....................................................................

....................................................................

....................................................................

....................................................................

....................................................................

....................................................................

....................................................................

....................................................................

# ¿HAY ALGO QUE AÚN TE HAGA MUY TRISTE?

....................................................................

....................................................................

....................................................................

....................................................................

....................................................................

....................................................................

....................................................................

....................................................................

....................................................................

....................................................................

....................................................................

....................................................................

....................................................................

....................................................................

....................................................................

....................................................................

....................................................................

....................................................................

....................................................................

# ¿HAY ALGO QUE JAMÁS HAYAS CONTADO Y QUIERAS CONTAR AHORA?

..............................................................................

..............................................................................

..............................................................................

..............................................................................

..............................................................................

..............................................................................

..............................................................................

..............................................................................

..............................................................................

..............................................................................

..............................................................................

..............................................................................

..............................................................................

..............................................................................

..............................................................................

..............................................................................

# ¿CÓMO PUEDES RECONOCER A LOS VERDADEROS AMIGOS?

........................................................................

........................................................................

........................................................................

........................................................................

........................................................................

........................................................................

........................................................................

........................................................................

........................................................................

........................................................................

........................................................................

........................................................................

........................................................................

........................................................................

........................................................................

........................................................................

........................................................................

........................................................................

# ¿QUÉ TANTO HA CAMBIADO EL MUNDO DESDE TU JUVENTUD?

.......................................................................................

.......................................................................................

.......................................................................................

.......................................................................................

.......................................................................................

.......................................................................................

.......................................................................................

.......................................................................................

.......................................................................................

.......................................................................................

.......................................................................................

.......................................................................................

.......................................................................................

.......................................................................................

.......................................................................................

.......................................................................................

.......................................................................................

.......................................................................................

# ¿CUÁL HA SIDO EL VIAJE QUE MÁS HAS DISFRUTADO?

.......................................................................

.......................................................................

.......................................................................

.......................................................................

.......................................................................

.......................................................................

.......................................................................

.......................................................................

.......................................................................

.......................................................................

.......................................................................

.......................................................................

.......................................................................

.......................................................................

.......................................................................

.......................................................................

.......................................................................

.......................................................................

# ¿HAS PERDIDO ALGO O ALGUIEN IMPORTANTE?

......................................................................

......................................................................

......................................................................

......................................................................

......................................................................

......................................................................

......................................................................

......................................................................

......................................................................

......................................................................

......................................................................

......................................................................

......................................................................

......................................................................

......................................................................

......................................................................

......................................................................

......................................................................

# ¿HAS PENSADO EN TU MUERTE Y CÓMO SERÍA TU FUNERAL?

.........................................................................

.........................................................................

.........................................................................

.........................................................................

.........................................................................

.........................................................................

.........................................................................

.........................................................................

.........................................................................

.........................................................................

.........................................................................

.........................................................................

.........................................................................

.........................................................................

.........................................................................

.........................................................................

.........................................................................

.........................................................................

# ¿CÓMO TE GUSTARÍA QUE TODOS TE RECORDARÁN?

...........................................................................

...........................................................................

...........................................................................

...........................................................................

...........................................................................

...........................................................................

...........................................................................

...........................................................................

...........................................................................

...........................................................................

...........................................................................

...........................................................................

...........................................................................

...........................................................................

...........................................................................

...........................................................................

...........................................................................

# NOTAS

# NOTAS

Made in the USA
Monee, IL
25 November 2024

71171275R00066